Inhaltsverzeichnis

BVK • Sonja Schneider / Katja Zigan: Grammatikprofi Band 1

Vorwort und Vorbemerkungen

Liebe Lehrkraft,

wer kennt das nicht? Grammatik muss ständig im Unterricht neu eingeführt, geübt und vertieft werden. Dazu sucht man sich in zahlreichen Lehrwerken und Übungsheften geeignetes Material zusammen und erstellt darüber hinaus noch eigene Arbeitsblätter. Schluss mit der Sucherei! In diesem Heft finden Sie zahlreiche differenzierte Übungen zu folgenden Themen:

- Nomen, Verben, Adjektive
- Pronomen (Personalpronomen, Anredepronomen in Briefen)
- Satzglieder (Umstellen, Subjekt, Prädikat)

Die einzelnen Kapitel sind einheitlich aufgebaut. Zu Beginn steht die jeweilige Regel. Diese sollte vergrößert im Raum ausgehängt werden, damit alle Kinder während der Bearbeitung darauf zurückgreifen können.
Im Anschluss folgen auf die Themen abgestimmte Übungen in zwei Schwierigkeitsstufen (✏ leicht / ✏✏ anspruchsvoll – siehe rechter Seitenrand). Es können immer auch beide Übungen eingesetzt werden, da der textliche Inhalt der Aufgabenblätter nicht identisch ist.

Hinweis zu den Freiarbeitsmaterialien (ab S. 58):
Die Memo-Spiel-Vorlagen zu den Verben und Adjektiven werden auf farbiges Papier kopiert und anschließend laminiert. So können sie den Kindern in der Freiarbeitsecke zur Verfügung stehen. Je nach Leistungsstand der Klasse fertigt man aus den Karten ein oder zwei Spiele an. Die Satzstreifen zu den Satzgliedern (s. S. 59) können ebenfalls als Freiarbeitsmaterial genutzt werden. Zur Selbstkontrolle werden die einzelnen Karten eines Satzes auf der Rückseite mit demselben Symbol versehen (z. B. Dreieck, Kreis, Quadrat, Stern, Blume etc.).
Darüber hinaus kann jedes Kind die Satzstreifen erhalten und daraus so viele Sätze wie möglich bilden. Diese werden ins Heft geschrieben und die einzelnen Satzglieder markiert.

Wir wünschen Ihnen viel Spaß und Erfolg mit unseren Materialien und hoffen, dass wir Ihnen damit das Suchen nach geeignetem Übungsmaterial erleichtern konnten.

Sonja Schneider und Katja Zigan

Nomen

Nomen sind Namenwörter.

Dazu gehören zum Beispiel:

– **Menschen:** das Kind, Lisa, der Mann …

– **Tiere:** die Katze, der Hund, das Pferd …

– **Pflanzen:** die Tulpe, die Rose, der Baum …

– **Dinge:** das Haus, der Tisch, das Heft …

– **Gefühle:** die Freude, die Wut, die Angst …

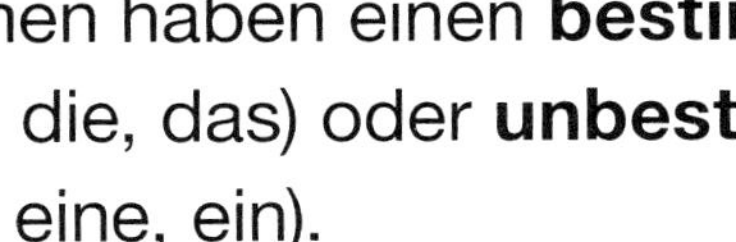

Nomen werden großgeschrieben.

Nomen haben einen **bestimmten Artikel** (der, die, das) oder **unbestimmten Artikel** (ein, eine, ein).

Es gibt sie im **Singular** (Einzahl) und im **Plural** (Mehrzahl):

das Kind – die Kinder, der Stuhl – die Stühle …

Singular – **Plural**

das Kind – die Kinder

Name: ______________________ Datum: ____________

Übung 1 (Nomen)

Schreibe die Nomen mit Artikeln in die richtige Spalte der Tabelle.
Streiche die Nomen, die du eingesetzt hast, durch.

die Liebe	die Tulpe	Tim	die Flasche	die Rose
die Trauer	der Hund	das Gras	der Schmerz	Frau Müller
das Pferd	Lena	die Freude	Antonio	die Wut
die Katze	Herr Klein	Anna	die Kuh	die Ziege
der Baum	das Fahrrad	die Lampe	die Angst	die Maus
der Apfelbaum	die Puppe	das Buch	die Tanne	das Sofa

Namen	Tiere	Pflanzen

Dinge	Gefühle

BVK • Sonja Schneider / Katja Zigan: Grammatikprofi Band 1

Name: ______________________ Datum: ______________

Übung 1 (Nomen)

Schreibe die Nomen mit Artikeln in die richtige Spalte der Tabelle.
Achtung: Manche Wörter bleiben übrig. Streiche die Nomen, die du eingesetzt hast, durch.

Tante Linda	fahren	Schlange	grün	Gänseblümchen
glücklich	Fritz	Stuhl	Yasmin	Hase
freuen	Bett	ängstlich	Affe	Eifersucht
Bleistift	Onkel Klaus	Neid	Fichte	sitzen
Adler	stehen	Laura	spielen	Liebe
Stolz	Klee	schrecklich	Roller	Schilf
schreiben	Nelke	Hass	Fisch	leise
Schuh	Schadenfreude	freundlich	schnell	Toni
Biene	rot	Buche	Computer	sehen

Namen	Tiere	Pflanzen

Dinge	Gefühle

Name: ______________________ Datum: ______________

Übung 2 (Nomen)

1. Unterstreiche die Nomen (17) im Text blau. Benutze ein Lineal.
2. Schreibe sie mit dem bestimmten Artikel auf die Linien.
   Schreibe doppelte Wörter nur einmal auf.

Gesucht wird Marie

Marie hat einen runden Kopf. Ihre Lippen sind schmal. Sie trägt lockiges, braunes Haar, das ihre Stirn bedeckt. Marie hat eine gebräunte Haut und viele Sommersprossen auf der Nase. Sie trägt ein rotes Kleid und grüne Schuhe.

Auf ihrem Kleid befindet sich eine große, weiße Blume.

Marie hat ein Muttermal am Kinn.

Name: ______________________________ Datum: ______________

Übung 2 (Nomen)

1. Unterstreiche die Nomen (17) im Text blau. Benutze ein Lineal.
2. Schreibe den Text richtig auf. Achte auf die Groß- und Kleinschreibung. Satzanfänge und Nomen werden immer großgeschrieben.

GESUCHT WIRD MANUEL

MANUEL HAT EINEN LÄNGLICHEN KOPF MIT EINER STUPSNASE IM GESICHT. ER HAT GRÜNE AUGEN. SEIN KLEINER MUND HAT SCHMALE LIPPEN. ER TRÄGT SEIN ROTBLONDES HAAR KURZ. MANUEL HAT EINE BLASSE HAUT. ER TRÄGT EIN BLAUES T-SHIRT, EINE GRAUE HOSE UND GRÜNE SCHUHE.

MANUEL HAT EIN MUTTERMAL AUF DER LINKEN HAND.

Name: ______________________ Datum: ____________

Übung 3 (Nomen)

Der **bestimmte Artikel** (der, die, das) bezeichnet ein bestimmtes Nomen:
Der *Hund von meiner Freundin ist schwarz.*

Der **unbestimmte Artikel** (ein, eine, ein) bezeichnet ein unbestimmtes Nomen: *Am Samstag ist uns* ***ein*** *Hund zugelaufen.*

1. Finde die Wörter, die zusammengehören. Schreibe sie in die Tabelle. Streiche alle Wörter, die du eingesetzt hast, durch!

ein Krokodil	die Tür	das Pflaster	ein Lineal	eine Karte
der Stift	eine Kerze	~~der Hund~~	die Tasche	der Wald
der Lehrer	die Karte	ein Bild	der Füller	~~ein Hund~~
ein Füller	eine Tür	die Kerze	ein Pflaster	ein Stift
ein Lehrer	das Haus	ein Wald	eine Tasche	
ein Haus	das Krokodil	das Lineal	das Bild	

bestimmter Artikel	unbestimmter Artikel
der Hund	ein Hund

Name: ____________________ Datum: ____________

Übung 3 (Nomen)

Der **bestimmte Artikel** (der, die, das) bezeichnet ein bestimmtes Nomen: ***Der*** *Hund von meiner Freundin ist schwarz.*

Der **unbestimmte Artikel** (ein, eine, ein) bezeichnet ein unbestimmtes Nomen: *Am Samstag ist uns* ***ein*** *Hund zugelaufen.*

1. Fülle die Tabelle aus. Achte auf den bestimmten und den unbestimmten Artikel.
2. Finde eigene Nomen.

bestimmter Artikel	unbestimmter Artikel
die Woche	eine Woche
das Jahr	
	ein Monat
	ein Missgeschick
der Ausflug	
	eine Schablone
der Bleistift	
	eine Schere
	ein Umriss
die Linie	
die Anleitung	
	ein Haar
das Gesicht	
	ein Ohr
die Lippe	
	ein Gespenst
	ein Blitz
das Ungeheuer	

BVK • Sonja Schneider / Katja Zigan: Grammatikprofi Band 1

Name: ______________________ Datum: ______________

Übung 4 (Nomen)

1. Finde die 20 versteckten Wörter. Markiere sie mit einem Buntstift.
   Tipp: Jedes Wort gibt es im Singular (Einzahl) und passend dazu im Plural (Mehrzahl).

T	A	G	W	J	U	N	G	E	N	X	Y	H	Z	F	M
K	L	N	Ä	P	T	Q	V	C	B	R	S	E	F	R	L
J	Ü	G	O	W	Ä	L	D	E	R	L	M	L	B	A	C
U	I	E	T	S	J	H	F	D	W	K	I	D	G	U	H
N	P	R	K	L	B	U	R	G	E	N	P	E	F	O	X
G	J	Ä	U	E	R	T	S	P	Q	W	Z	N	A	Y	B
E	G	U	V	C	H	E	L	D	F	T	O	K	H	T	U
O	Z	S	Z	T	Ä	P	D	E	G	R	I	J	R	K	R
H	W	C	L	R	M	W	N	H	P	Ä	Q	S	R	T	G
U	B	H	U	A	W	A	Y	U	Z	U	B	F	Ä	C	I
N	O	F	H	U	J	L	K	N	L	M	Ä	R	D	M	T
D	H	N	P	M	Q	D	S	D	T	E	V	A	E	W	A
A	X	Z	C	O	G	J	K	E	N	B	O	U	R	T	G
F	A	H	R	R	A	D	Ä	V	Y	P	Q	E	H	L	E
U	V	G	E	R	Ä	U	S	C	H	E	D	N	Q	P	Z

2. Zeichne mit Bleistift und Lineal eine Tabelle in dein Heft.
   Schreibe alle gefundenen Nomen im Singular und im Plural mit Artikel in die Tabelle.

Beispiel:

Singular (Einzahl)	**Plural (Mehrzahl)**
der Hund	die Hunde

BVK • Sonja Schneider / Katja Zigan: Grammatikprofi Band 1

Name: ______________________ Datum: ______________

Übung 4 (Nomen)

1. Finde die 18 versteckten Wörter. Markiere sie mit einem Buntstift.

S	C	H	W	I	M	M	B	A	D	F	I	V	A	S	E
J	M	X	M	U	X	Ä	C	E	Z	A	K	L	T	S	Ü
K	H	G	A	R	T	E	N	W	G	U	D	B	A	L	L
A	E	W	U	N	S	C	H	M	E	S	O	Q	P	V	X
T	B	C	Q	R	T	U	X	Ü	S	F	J	F	L	Ä	B
Z	T	I	D	E	E	S	Z	H	I	L	P	A	O	R	L
E	B	Z	Ä	C	X	G	E	Y	C	Ü	H	R	H	J	E
K	G	F	S	T	R	L	U	Q	H	G	M	B	R	N	I
F	R	E	U	N	D	H	G	J	T	E	P	E	E	O	S
L	I	N	I	E	N	Ü	E	S	E	B	Y	L	N	U	T
A	Z	C	W	F	Y	G	N	O	R	H	T	J	R	S	I
U	N	F	Ä	L	L	E	D	X	E	K	I	N	D	V	F
P	B	Ü	Q	M	R	V	T	L	M	K	P	V	T	W	T
K	P	E	I	N	L	A	D	U	N	G	E	N	X	Ä	E

2. Zeichne mit Bleistift und Lineal eine Tabelle in dein Heft.
   Schreibe alle gefundenen Nomen mit Artikel in die richtige Spalte.
   Achte auf Singular und Plural! Das Beispiel hilft dir!

Beispiel:

Singular (Einzahl)	**Plural (Mehrzahl)**
die Katze	die Katzen

3. Füge die fehlenden Nomen mit Artikel hinzu.

Name: ________________________ Datum: ______________

Übung 5 (Nomen – Pluralbildung)

1. Die Nomen stehen im Singular. Bilde dazu den Plural.
2. Markiere die Pluralendung (-s, -er, -n, -en, -e).

Achtung:

- Manche Nomen verändern sich im Plural nicht: der Sessel – die Sessel
- Manche Nomen bilden keinen Plural: die Wut
- Bei einigen Nomen verändert sich der Wortstamm: das Tal – die Täler, das Haus – die Häuser

die Kerze ______________________

das Bild ______________________

der Stein ______________________

der Lehrer ______________________

das Foto ______________________

die Katze ______________________

die Maus ______________________

der Wald ______________________

die Tür ______________________

das Fenster ______________________

das Sofa ______________________

das Pferd ______________________

das Kind ______________________

die Rose ______________________

das Glück ______________________

der Schmerz ______________________

BVK • Sonja Schneider / Katja Zigan: Grammatikprofi Band 1

Name: ______________________ Datum: ______________

Übung 5 (Nomen – Pluralbildung)

Bilde den Plural der Nomen. Ordne ihn den verschiedenen Pluralendungen zu.

Achtung:
- Manche Nomen verändern sich im Plural nicht: der Sessel – die Sessel
- Manche Nomen bilden keinen Plural: die Wut
- Bei einigen Nomen verändert sich der Wortstamm: das Tal – die Täler, das Haus – die Häuser

der Füller, das Bein, das Foto, der Hund, die Straße, das Messer, die Uhr, die Zeitung, das Spielzeug, das Fahrrad, der Baum, das Kleid, die Mütze, das Heft, die Kirche, der Schuh, das Herz, der Teddy, das Haar, das Auto, die Nase, der Eimer

Plural mit **-s**	Plural mit **-er**	Plural mit **-n**

Plural mit **-en**	Plural mit **-e**	**ohne** Pluralendung

Name: ______________________________ Datum: ________________

Übung 6 (Nomen – Artikel)

1. Suche zu jedem Nomen den richtigen bestimmten Artikel (der, die, das).
2. Kreise alle Nomen mit dem Artikel **der** blau, alle Nomen mit dem Artikel **die** rot und alle Nomen mit dem Artikel **das** gelb ein.
   Es sind jeweils 20 Nomen mit der, die und das.

Wasser Arbeit Wald Junge Blüte

Zwerg Birne Tuch Maus Heft

Kürbis Auto Herz Decke Mehl

Buntstift Gras Fisch Hand

Liebe Stock Kleid Nase Igel

Mensch Zeit Brunnen Buch

Katze Feder Tornister Stuhl Huhn

Mund Blume Spiel Tür

Garage Bild Apfel Tasche Lineal

Fenster Tisch Tasse Fahrrad

Name Brille Schild Rutsche Kleber

Boot Pilz Ameise Hemd

Bein Hunger Glas Tüte Füller

Name: ______________________ Datum: ____________

Übung 6 (Nomen – Artikel)

Der, die oder das? Ein, eine oder ein? Sortiere die Nomen zu dem richtigen Artikel in die Tabelle ein.
Schreibe jeweils den bestimmten Artikel (der, die, das) und den unbestimmten Artikel (ein, eine, ein) mit dazu. Streiche die eingesetzten Nomen durch.

Mädchen	~~Mann~~	Blume	Hut	Fahrrad
Kopf	Messer	Nase	Kleid	Stuhl
Jacke	Frau	Tisch	Blüte	Rutsche
Witz	Maus	Katze	Tornister	Auge
Glück	Turnbeutel	Huhn	Schaukel	Apfel
Bauch	Rose	Spiel	Ohr	Herz

der / ein	die / eine	das / ein
der Mann / ein Mann		

Name: ______________________________ Datum: ______________

Übung 7 (zusammengesetzte Nomen)

1. Setze die Nomen sinnvoll zusammen und schreibe sie mit Artikel auf.
   Der Artikel richtet sich immer nach dem zweiten Nomen.
   Achtung: Manche zusammengesetzte Nomen werden mit einem Fugen-s oder einem Fugen-n verbunden:
   der Liebling + s + das Buch = das Lieblingsbuch
   die Tasche + n + die Uhr = die Taschenuhr

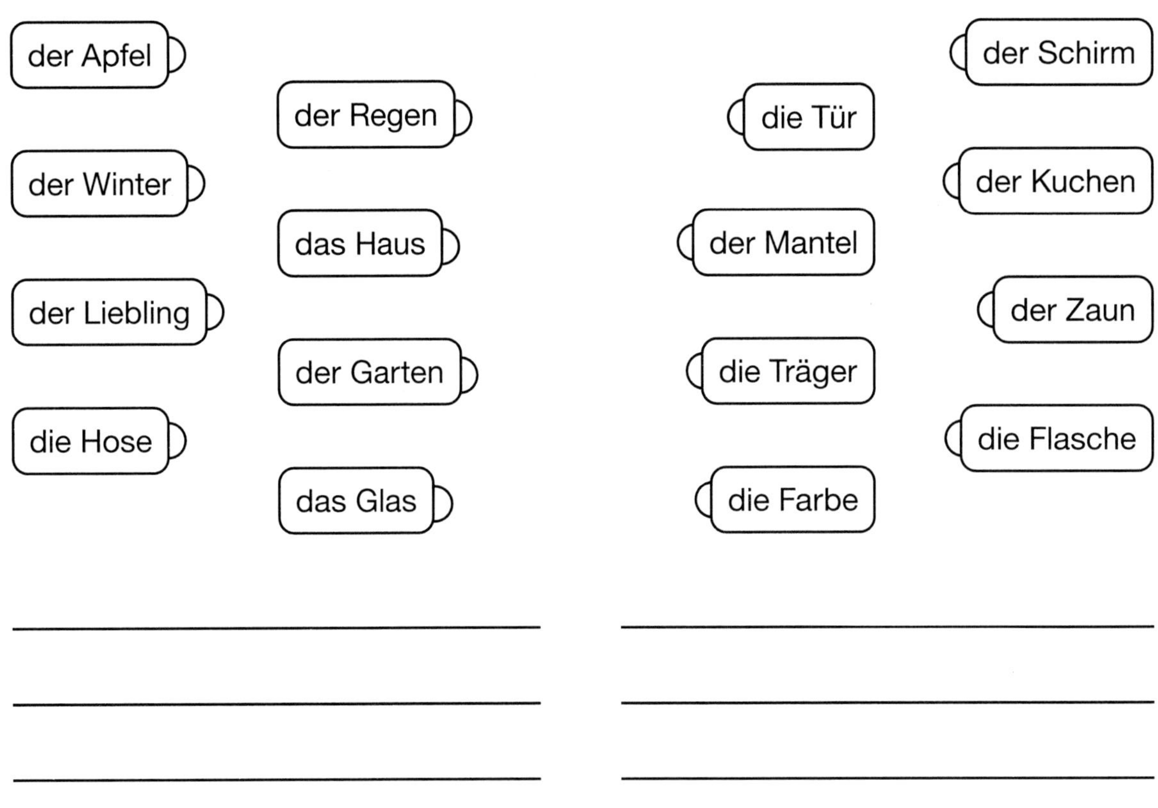

______________________ ______________________

______________________ ______________________

______________________ ______________________

______________________ ______________________

2. Trenne die zusammengesetzten Nomen und schreibe sie auf.
   Achte auf die Großschreibung beider Nomen!

die Hundeleine	der Hund	+	die Leine
das Taschentuch	______	+	______
die Salatgurke	______	+	______
die Kuchengabel	______	+	______
der Winterschal	______	+	______
die Taschenlampe	______	+	______
der Geburtstag	______	+	______

BVK • Sonja Schneider/Katja Zigan: Grammatikprofi Band 1

Name: ______________________________ Datum: ______________

Übung 7 (zusammengesetzte Nomen)

1. Lies den Text. Unterstreiche alle zusammengesetzten Nomen (13) blau. Benutze ein Lineal.
2. Schreibe die Nomen auf die Linien. Schreibe die Trennungen jeweils daneben.
   Beispiel: die Lieblingstante: der Liebling + die Tante

Der Amerikabesuch

Mein Onkel Tom ist aus Amerika zu Besuch gekommen.
Er ist mein Lieblingsonkel. Onkel Tom bringt immer einen roten Lederkoffer mit. Den Koffer legt er auf das Gästebett. Wir schließen dann unsere Augen und wenn wir sie öffnen, hat Onkel Tom viele kleine Geschenkpakete auf den Wohnzimmertisch gelegt. Schnell packen wir alles aus. Im ersten Päckchen ist ein blaues Spielzeugauto und im zweiten Päckchen ist eine kleine Stoffkatze. Für Mama hat er ein Taschenbuch mitgebracht und für Papa eine Sportjacke. Mit Onkel Tom machen wir viele Tagesausflüge. Am meisten freue ich mich auf unseren Zoobesuch. Abends liest uns Onkel Tom immer aus dem dicken Märchenbuch vor.

__________ = __________ + __________
__________ = __________ + __________
__________ = __________ + __________
__________ = __________ + __________
__________ = __________ + __________
__________ = __________ + __________
__________ = __________ + __________
__________ = __________ + __________
__________ = __________ + __________
__________ = __________ + __________
__________ = __________ + __________
__________ = __________ + __________
__________ = __________ + __________

Verben

Verben (Tuwörter) sind Wörter, die angeben, **was man tut** oder **was geschieht:**
schwimmen, laufen, regnen

Verben haben eine Grundform (Infinitiv), die auf **-en, -eln** oder **-ern** endet:
geh**en**, schütt**eln**, zwitsch**ern**

Achtung: Manche Verben sind unregelmäßig.
Sie verändern ihren Wortstamm.
Schaue dazu im Wörterbuch nach!

lesen – er liest   fahren – du fährst

Das Verb verändert seine Form passend zur Person, die etwas tut (Personalform):

1. Person Singular: ich geh**e**

2. Person Singular: du geh**st**

3. Person Singular: er, sie, es geh**t**

1. Person Plural: wir geh**en**

2. Person Plural: ihr geh**t**

3. Person Plural: sie geh**en**

Name: ______________________ Datum: ______________

Übung 1 (Verben)

Schreibe die Verben in die passende Spalte.
Achtung: Bei manchen Verben gibt es mehrere Möglichkeiten.

schlafen scheinen hängen picken brüllen
duften sich anziehen fahren
turnen fliegen kriechen wachsen
blühen reden klettern
vertrocknen regnen stehen lachen zwitschern

Menschen	Tiere	Pflanzen	Dinge

Name: ______________________ Datum: ______________

Übung 1 (Verben)

1. Schreibe die Verben in die passende Spalte.
   Achtung: Bei manchen Verben gibt es mehrere Möglichkeiten.
2. Wähle jeweils zwei Verben aus jeder Spalte und schreibe jeweils einen Satz dazu in dein Heft.
   Achtung: Im Satz verändern die Verben ihre Form.
   Beispiel „wachsen“: Die Rose im Garten wächst jeden Tag ein wenig.
3. Unterstreiche das Verb im Satz gelb. Benutze ein Lineal.

kochen, platzen, erzählen, sprießen, schleichen, flattern, ticken, trällern, schlängeln, riechen, rennen, ranken, träumen, eingehen, welken, fliegen, liegen, fallen, schwimmen, malen

Menschen	Tiere	Pflanzen	Dinge

Name: ________________________ Datum: ______________

Übung 2 (Verben)

Ordne die richtige Personalform in die Tabelle ein.

rufe	kletterst	trommeln	ruft	trommle	klettern
klettern	rufst	klettert	trommelst	rufen	trommeln
trommelt	klettere	ruft	klettert	trommelt	rufen

Beispiel für Verben auf **-en**		**rufen**
Singular	1. Person	ich
	2. Person	du
	3. Person	er, sie, es
Plural	1. Person	wir
	2. Person	ihr
	3. Person	sie

Beispiel für Verben auf **-ern**		**klettern**
Singular	1. Person	ich
	2. Person	du
	3. Person	er, sie, es
Plural	1. Person	wir
	2. Person	ihr
	3. Person	sie

Beispiel für Verben auf **-eln**		**trommeln**
Singular	1. Person	ich
	2. Person	du
	3. Person	er, sie, es
Plural	1. Person	wir
	2. Person	ihr
	3. Person	sie

Name: ______________________ Datum: ______________

Übung 2 (Verben)

1. Trage die richtigen Personalformen in die Tabelle ein.
   Tipp: Dein Wörterbuch kann dir helfen.
2. Markiere den Wortstamm gelb und die Endungen blau.

turnen		
Singular	1. Person	ich
	2. Person	du
	3. Person	er, sie, es
Plural	1. Person	wir
	2. Person	ihr
	3. Person	sie

schreiben		
Singular	1. Person	ich
	2. Person	du
	3. Person	er, sie, es
Plural	1. Person	wir
	2. Person	ihr
	3. Person	sie

sammeln		
Singular	1. Person	ich
	2. Person	du
	3. Person	er, sie, es
Plural	1. Person	wir
	2. Person	ihr
	3. Person	sie

stolpern		
Singular	1. Person	ich
	2. Person	du
	3. Person	er, sie, es
Plural	1. Person	wir
	2. Person	ihr
	3. Person	sie

Name: ______________________________ Datum: ______________

Übung 3 (Verben)

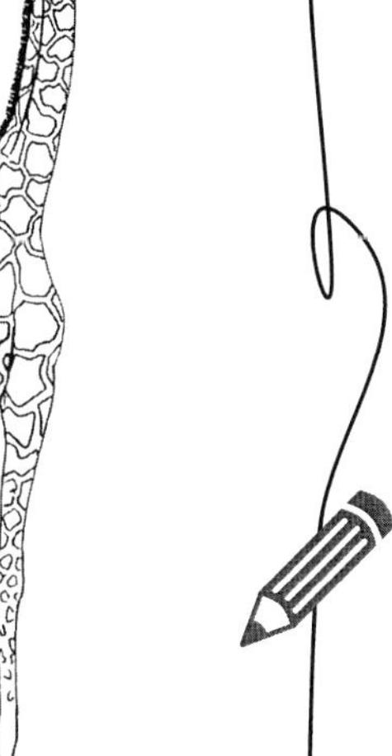

1. Unterstreiche die Verben in den Sätzen gelb. Benutze ein Lineal.
2. Schreibe die Verben zusammen mit der Grundform (Infinitiv) auf.

1. Tina verabredet sich mit ihrer Freundin Yeliz im Schwimmbad.
2. Toni liest abends gerne Gruselgeschichten unter der Bettdecke.
3. Die Kinder freuen sich auf den Ausflug in den Zoo.
4. Morgen gehe ich mit meiner Oma auf den Spielplatz.
5. Leihst du mir deinen Bleistift?
6. Für das Frühstück kaufen wir jeden Sonntag frische Brötchen.
7. Die Sonne scheint am Himmel.
8. Kommt ihr zu der Geburtstagfeier von Sophie?
9. Jonas und Papa schenken Mama einen großen Blumenstrauß.
10. Ich fahre gern mit meiner Familie in den Urlaub.

verabredet → verabreden

BVK • Sonja Schneider / Katja Zigan: Grammatikprofi Band 1

Name: ______________________ Datum: ______________

Übung 3 (Verben)

1. Finde die neun versteckten Verben in der Grundform (Infinitiv).
   Markiere sie mit einem Buntstift.

X	V	D	Z	H	Ö	R	E	N	F	C	I	T	Y	Q
Ä	M	G	O	P	N	Y	A	R	W	L	K	R	M	V
E	R	S	C	H	R	E	C	K	E	N	J	Ä	B	E
C	A	G	K	D	M	P	F	J	W	E	L	U	L	R
S	Q	R	U	L	V	S	Ä	O	W	M	R	M	T	S
E	B	U	I	E	G	P	D	M	K	A	J	E	A	T
H	R	F	T	S	W	C	V	J	K	C	O	N	K	E
E	P	E	L	E	F	M	I	O	U	H	G	W	Q	C
N	Y	N	D	N	B	G	Ü	R	S	E	U	J	Z	K
C	R	Ä	Z	S	N	H	X	V	J	N	P	K	T	E
A	U	F	F	Ü	H	R	E	N	I	H	E	C	F	N

2. Trage die Verben in der richtigen Personalform in die Lücken ein.

1. Die beiden Kinder ______________ ein unheimliches Geräusch im Keller.
2. Wir ______________ uns vor zehn gruseligen Gespenstern.
3. Plötzlich ______________ der Vampir einen grellen Blitz am Himmel.
4. Ich ______________ von einem Ungeheuer in einer schrecklichen Ruine und ______________ um Hilfe.
5. Heute Abend ______________ du im Bett noch ein Gespensterbuch.
6. Das freundliche Gespenst ______________ sich schnell hinter einer Tür.
7. Die Klasse 4a ______________ eine Klassenfahrt zur Burg Schreckenstein.
8. Auf dem Schulfest ______________ ihr ein Theaterstück ______________ .

Name: ______________________________ Datum: ________________

Übung 4 (zusammengesetzte Verben) (1)

1. Bilde sinnvolle Verben mit den Wortbausteinen. Male die passenden Blütenblätter mit Buntstift aus. **Achtung:** Immer ein Blütenblatt passt nicht!
2. Schreibe die zusammengesetzten Verben auf die Linien.

1.

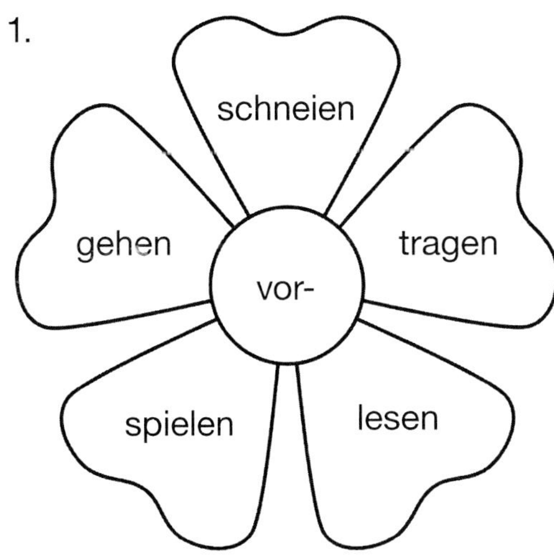

____

____

____

____

2.

bieten

trauen

ärgern

ver-

wissen

raten

____

____

____

____

3.

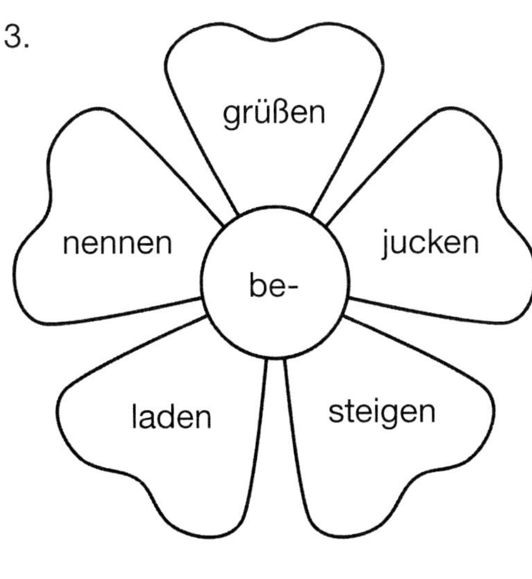

____

____

____

____

4.

reißen

lernen

streiten

zer-

schlagen

brechen

____

____

____

____

BVK • Sonja Schneider / Katja Zigan: Grammatikprofi Band 1

Name: ______________________ Datum: ______________

Übung 4 (zusammengesetzte Verben) (2)

5.

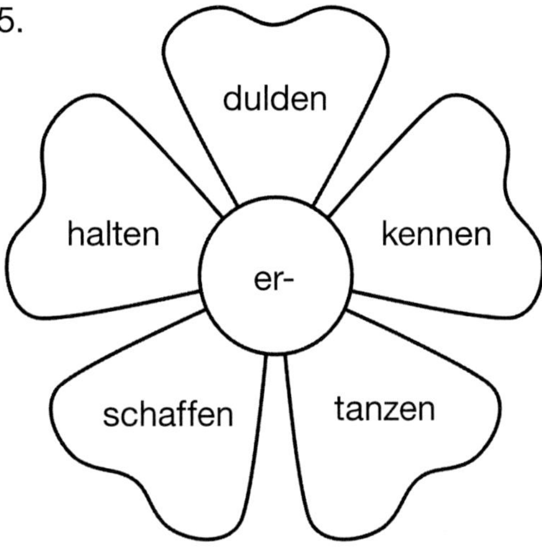

____

____

____

____

6.

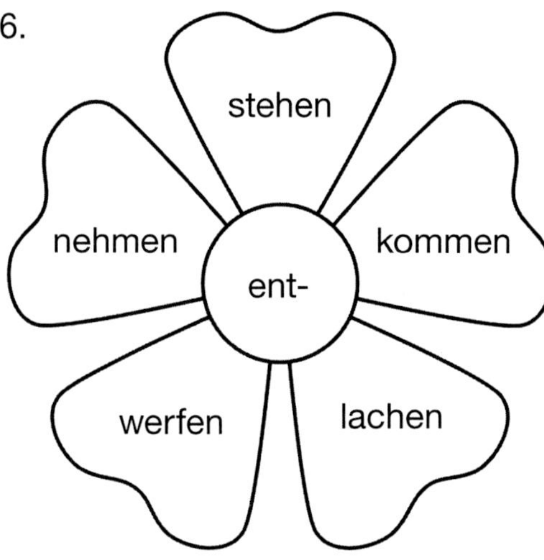

____

____

____

____

7.

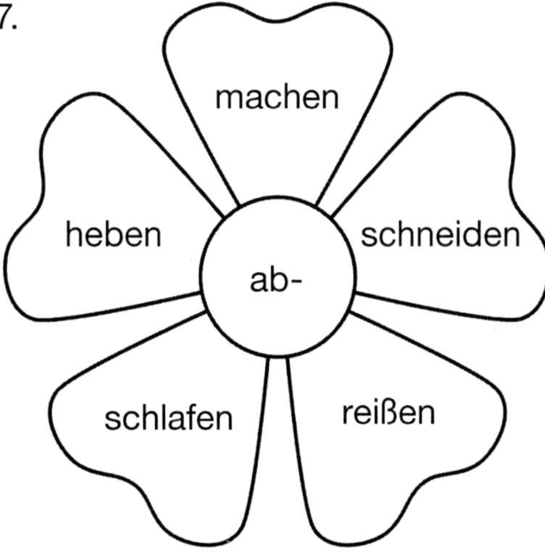

____

____

____

____

8.

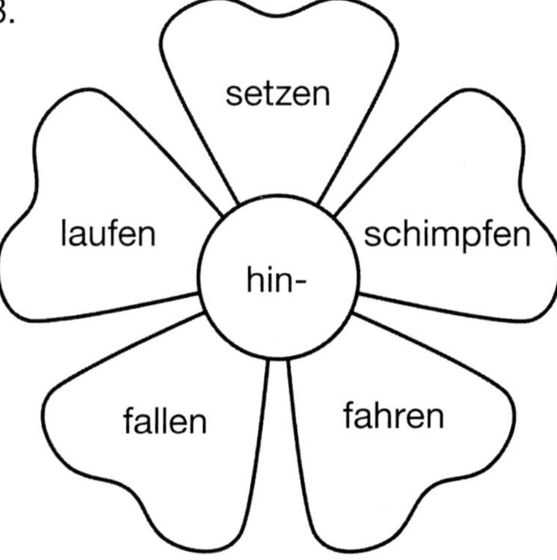

____

____

____

____

BVK • Sonja Schneider / Katja Zigan: Grammatikprofi Band 1

Name: ______________________ Datum: ______________

Übung 4 (zusammengesetzte Verben)

Vorsilben verändern die Bedeutung eines Verbs. **Vor**silben schreibt man **vor** das Verb.

Welche Vorsilben passen zu den Verben?
Bilde sinnvolle Verben und schreibe sie auf.

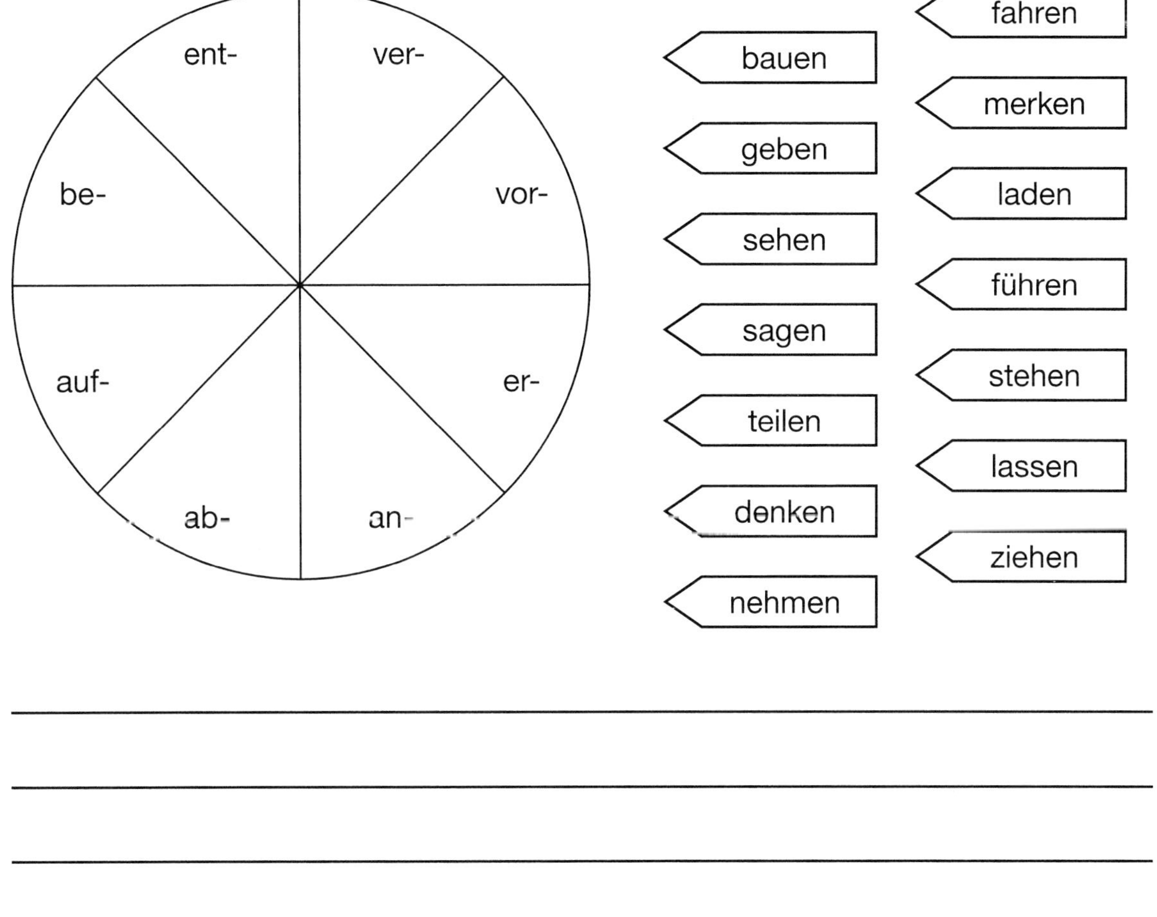

____

____

____

____

____

____

____

Profi-Aufgabe:
Suche dir zehn Verben mit Vorsilben aus.
Schreibe mit jedem Verb einen Satz in dein Heft.

Adjektive

Adjektive (Wiewörter) sind Wörter, die angeben, **wie etwas ist** oder **wie man etwas tut:**

der grüne Apfel, ich renne schnell

Mit Adjektiven kann man vergleichen, dies nennt man auch steigern.

Grundstufe:	jung
1. Vergleichsstufe (Komparativ):	jüng**er**
2. Vergleichsstufe (Superlativ):	am jüng**sten**

Es gibt auch **unregelmäßige Steigerungsformen.**

Beispiel: gut – besser – am besten
viel – mehr – am meisten
hoch – höher – am höchsten

Name: ______________________ Datum: ______________

Übung 1 (Adjektive)

1. Unterstreiche alle Adjektive (15) im Text blau. Benutze ein Lineal.
2. Schreibe die Adjektive unten auf die Linien. Schreibe das Gegenteil dazu.
   Achtung: Nicht zu jedem Adjektiv gibt es ein passendes Gegenteil!

Wer ist es?

Gesucht wird ein großer Junge aus dem 4. Schuljahr. Er ist 10 Jahre alt. Der Junge hat eine kräftige, aber sportliche Figur. Meistens trägt er blaue Jeans und ein rotes T-Shirt. Außerdem ist er an seinen schwarzen Turnschuhen mit weißen Streifen zu erkennen. Er hat ein rundes Gesicht. Seine dunkelblonden Haare trägt er kurz. Die Augenfarbe ist braun und er hat eine schiefe Nase. Der Junge spielt gut Hockey und kann schnell rennen.

Adjektiv aus dem Text		Gegenteil
groß	→	klein
	→	
	→	
	→	
	→	
	→	
	→	
	→	
	→	
	→	
	→	
	→	
	→	
	→	
	→	

BVK • Sonja Schneider / Katja Zigan: Grammatikprofi Band 1

Name: ______________________________ Datum: ______________

Übung 1 (Adjektive)

1. Schreibe die passenden Adjektive in die Lücken.
   Achtung: Du musst die Form anpassen! Beispiel: klein – der klein**e** Junge
2. Zeichne eine Tabelle in dein Heft. Das Beispiel unten hilft dir.
   Schreibe die Adjektive in die Tabelle. Schreibe das Gegenteil dazu.
   Achtung: Nicht zu jedem Adjektiv gibt es ein passendes Gegenteil!

Wer ist es?

Gesucht wird ein (groß) __________ Mann. Er ist ca. 50 Jahre (alt) __________ . Der gesuchte Mann hat eine (kräftig) __________ , aber (sportlich) __________ Figur. Meistens trägt er eine (schwarz) __________ Hose und ein (weiß) __________ Hemd mit (braun) __________ Weste. Er trägt keine Schuhe und ist (barfuß) __________ unterwegs. In seinem (rund) __________ Gesicht trägt er einen (hell) __________ Bart. Seine (blond) __________ Haare trägt er (kurz) __________ , aber (struppig) __________ unter einem (groß) __________ , (braun) __________ Hut mit einer Feder. Die Augenfarbe ist (blau) __________ und er hat eine (schief) __________ Nase. Der Mann besitzt ein Messer und eine Pistole, die er an seinem (grün) __________ Gürtel befestigt hat.

Beispiel:

Adjektiv aus dem Text	Gegenteil
groß	klein

Name: ______________________ Datum: ______________

Übung 2 (Adjektive)

Schreibe die Adjektive mit der passenden Endung vor die Nomen.
Denke an die Artikel!

die goldene	Kugel	gold
	Fee	gut
	Hexe	böse
	Wolf	gefährlich
	Prinzessin	schön
	Schloss	dunkel
	Müller	fleißig
	Zauberer	freundlich
	Fuchs	schlau
	Schneiderlein	tapfer
	Prinz	stark
	König	mutig
	Fluch	schrecklich
	Apfel	giftig
	Großmutter	krank
	Ende	glücklich
	Zauberspruch	lang
	Zwerg	klein
	Einhorn	schnell
	Gespenst	lieb
	Frosch	einsam
	Drache	zornig

BVK • Sonja Schneider / Katja Zigan: Grammatikprofi Band 1

Name: ______________________ Datum: ______________

Übung 2 (Adjektive)

1. Bilde eigene Sätze mit den Adjektiven.
2. Unterstreiche die Adjektive in deinen Sätzen grün. Benutze ein Lineal.

kräftig	sonnig	hungrig	müde	giftig
hoch	schnell	gefährlich	süß	weich
gemütlich	ruhig	dick	bunt	spannend

Beispiel:

Jakob schreibt eine spannende Geschichte in sein Heft.

Name: ______________________ Datum: ______________

Übung 3 (Adjektive)

1. Verbinde die Nomen mit den passenden Adjektiven. Benutze verschiedene Farben.
2. Schreibe die Nomen mit den passenden Adjektiven in dein Heft.

Beispiel: Sonne – sonnig

die Sonne	gefährlich
die Ruhe	mühsam
das Glück	windig
der Neid	mutig
der Wind	glücklich
die Angst	furchtlos
der Zorn	zornig
die Gefahr	sonnig
der Schmerz	schmerzhaft
der Mut	neidisch
der Schutz	gewaltsam
die Mühe	ruhig
die Gewalt	kindlich
das Kind	schutzlos
die Furcht	ängstlich

BVK • Sonja Schneider / Katja Zigan: Grammatikprofi Band 1

Name: ______________________ Datum: ______________

Übung 3 (Adjektive)

Bilde aus dem Nomen ein Adjektiv.
Schreibe es in die passende Lücke.

der sonnige Tag	~~die Sonne~~
der ______ Bruder	der Neid
die ______ Hexe	der Zorn
die ______ Überraschung	die Freude
die ______ Minute	die Ruhe
der ______ Verkäufer	das Glück
das ______ Abenteuer	das Wunder
die ______ Nacht	die Furcht
das ______ Ehepaar	die Angst
das ______ Tier	die Neugier
der ______ Unfall	der Schmerz
der ______ Fußballer	der Sport
die ______ Kleidung	der Sommer
die ______ Suppe	das Salz
der ______ Fahrradfahrer	der Freund

Name: ______________________ Datum: ______________

Übung 4 (Adjektive – Steigerungsformen)

Vergleiche die drei Bilder.
Schreibe so:

schnell

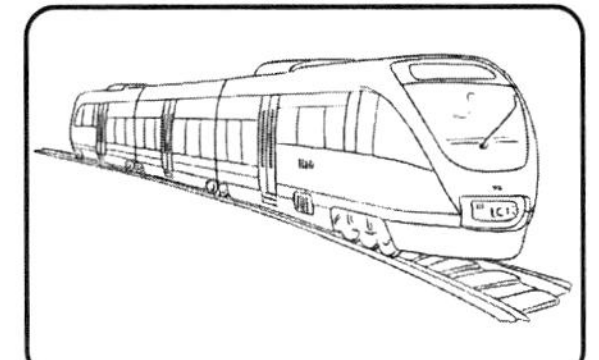
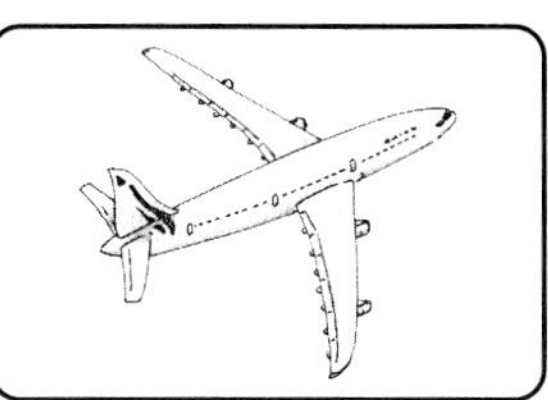

Das Fahrrad ist schnell.	Der Zug ist schneller.	Das Flugzeug ist am schnellsten.

tief

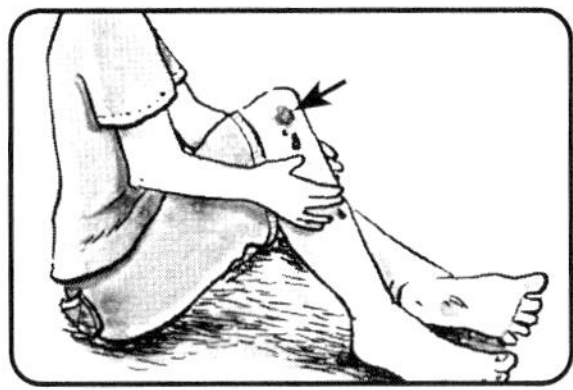

stark

klein

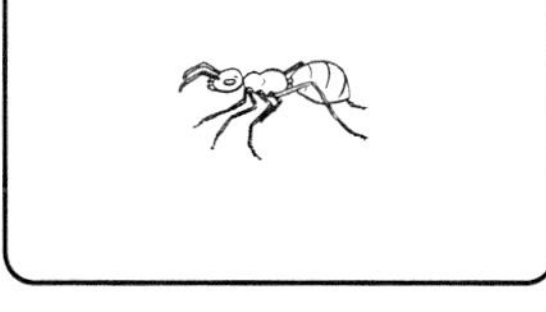

BVK • Sonja Schneider / Katja Zigan: Grammatikprofi Band 1

Name: ______________________ Datum: ______________

Übung 4 (Adjektive – Steigerungsformen)

1. Sortiere die Adjektive in die Tabelle ein und bilde die fehlenden Formen.

am höchsten	~~besser~~	hart	viel	lustiger
am weitesten	lieb	jünger	am größten	schön

Grundstufe	**1. Vergleichsstufe (Komparativ)**	**2. Vergleichsstufe (Superlativ)**
gut	besser	am besten

2. Setze passende Adjektive in der richtigen Form ein.

1. Clown Bibo ist ______________ als Clown Bobi.
2. Der Mount Everest ist ______________ als die Zugspitze.
3. Karl ist ______________ als seine Schwester Emma.
4. Von allen Sorten mag Johanna ______________ Schokoladeneis.
5. Das Känguru hüpft ______________ als der Frosch.
6. Im 4. Schuljahr muss man ______________ Hausaufgaben machen.

3. Schreibe eigene Sätze in dein Heft. Benutze die Adjektive aus der Tabelle.

BVK • Sonja Schneider / Katja Zigan: Grammatikprofi Band 1

Name: ________________ Datum: ________________

Übung 1 (Nomen, Verben, Adjektive)

1. Unterstreiche mit Lineal alle Nomen blau (18), Verben rot (10) und Adjektive gelb (9).
2. Sortiere die Wörter in die Kästen ein. Schreibe die Nomen mit Artikel. Schreibe doppelte Wörter nur einmal auf.

Lillis Brief

Lilli schreibt einen langen Brief an ihre Tante. Sie erzählt von ihren schönen und aufregenden Sommerferien. Anschließend steckt sie den Brief in einen gelben Briefumschlag und schreibt die Adresse darauf. Sie notiert auch den Absender. Dann klebt sie eine bunte Briefmarke in die obere Ecke. Nun bringt sie den Brief schnell zum Briefkasten. Einige Tage später klingelt der freundliche Postbote. Er gibt Lilli ein riesiges Paket. Was sich wohl darin befindet?

Nomen	Verben	Adjektive

Name: ______________________ Datum: ______________

Übung 1 (Nomen, Verben, Adjektive)

1. Unterstreiche alle Nomen blau (30), alle Verben rot (15) und alle Adjektive gelb (11). Benutze ein Lineal.

MARTINAS BRIEF

MARTINA SCHREIBT EINEN LANGEN BRIEF AN IHREN ONKEL. SIE ERZÄHLT VON IHREN SCHÖNEN UND AUFREGENDEN OSTERFERIEN AUF DEM REITERHOF. AUCH VON IHREM PFLEGEPFERD MAX BERICHTET SIE. DANN STECKT SIE DEN BRIEF IN EINEN ROTEN BRIEFUMSCHLAG UND SCHREIBT DIE ADRESSE IN DIE MITTE. SIE NOTIERT AUCH DEN ABSENDER. MARTINA GEHT ZUR POST UND KAUFT DORT EINE BRIEFMARKE. DANN KLEBT SIE DIE BUNTE BRIEFMARKE IN DIE OBERE RECHTE ECKE. ZUM SCHLUSS BRINGT SIE DEN BRIEF SCHNELL ZUM BRIEFKASTEN. SIE WARTET GESPANNT AUF DIE ANTWORT IHRES ONKELS. EINIGE TAGE SPÄTER KLINGELT ES AN DER TÜR. ES IST DER FREUNDLICHE POSTBOTE, DER EIN RIESIGES PAKET FÜR MARTINA IN DER HAND HÄLT. WAS SICH WOHL DARIN BEFINDET?

2. Zeichne mit Bleistift und Lineal eine Tabelle wie im Beispiel unten in dein Heft. Sortiere die unterstrichenen Wörter in die Tabelle ein. Schreibe die Nomen mit Artikel. Schreibe doppelte Wörter nur einmal auf.

Beispiel:

Nomen	Verben	Adjektive
(die) Martina		

3. Schreibe den Text mit der richtigen Groß- und Kleinschreibung in dein Heft.

Name: ______________________ Datum: ______________

Übung 2 (Wortfamilien)

1. Welche Wörter gehören zu einer Wortfamilie?
   Finde immer drei Wörter (ein Nomen, ein Verb, ein Adjektiv), die zusammengehören. Male sie in derselben Farbe an.
2. Schreibe die drei Wörter nebeneinander in dein Heft.
   Schreibe so: der Regen – regnen – regnerisch
3. Unterstreiche die Nomen blau, die Verben rot und die Adjektive gelb.
   Benutze ein Lineal.

der Regen | brennbar | ängstlich

die Wohnung | das Spiel | träumen

verspielt | erschrecken | der Brand

wohnen | bestrafen | die Angst

mühsam | sich ängstigen | salzig

schreckhaft | wohnlich | die Strafe

das Salz | sich bemühen | regnerisch

verträumt | spielen | der Traum

brennen | salzen | die Mühe

der Schreck | regnen | strafbar

Name: ______________________________ Datum: ________________

Übung 2 (Wortfamilien)

1. Welche Wörter gehören zu einer Wortfamilie?
   Ergänze die fehlenden Wörter in der Tabelle.

Nomen	Verben	Adjektive
		bepflanzt
die Schrift		
	zudecken	
		beleuchtet
die Kleidung		
	anfeuern	
	regnen	
		sonnig
die Wäsche		
		farbig

2. Wähle drei Nomen, drei Verben und drei Adjektive und schreibe zu jedem dieser neun Wörter einen Satz.

____

____

____

____

____

____

____

____

____

Pronomen

Regeln

Pronomen sind **Für**wörter.
Pronomen kann man **für** Nomen einsetzen.

Sie heißen:
ich, du, er / sie / es, wir, ihr, sie
(Personalpronomen)

Die Lehrerin steht vor der Klasse.
Sie erklärt die Aufgabe.

Weitere Pronomen:

ich: mir, mich, mein
du: dir, dich, dein
er: ihm, ihn, seiner
sie: ihr, sie, ihrer
es: ihm, es, seiner
wir: uns, uns, unser
ihr: euch, euch, euer
sie: ihnen, sie, ihrer

Achtung bei Briefen und E-Mails:

Wenn du jemanden duzt, kannst du entweder alle Pronomen groß oder alle Pronomen kleinschreiben.

Danke für **d**einen Brief! / Danke für **D**einen Brief!

Wenn du jemanden siezt, musst du alle Pronomen großschreiben.

Danke für **I**hren Brief!

Name: ______________________________ Datum: ______________

Übung 1 (Pronomen)

1. Finde alle acht versteckten Pronomen. Mache vor und hinter jedem Wort einen Strich |.
2. Schreibe sie zu der richtigen Verbform.

LZICHXDFDUZUKJERWELSIEMNJKQAESYXXCGRWIRQFSGIHRASBFVCXSIEW

_________ male

_________ malst

_________ malt

_________ malt

_________ malt

_________ malen

_________ malt

_________ malen

3. Schreibe die richtigen Pronomen in die Lücken.
Achtung: Am Satzanfang schreibt man die Pronomen groß.

1. Die Mutter geht einkaufen. _________ (die Mutter) holt Brot und Eier.
2. Die Kinder fahren ins Schwimmbad. _________ (die Kinder) rutschen den ganzen Tag.
3. Lara feiert eine Geburtstagsparty. _________ (Lara) lädt viele Kinder ein.
4. Yusuf freut sich auf Sonntag. _________ (Yusuf) hat ein wichtiges Fußballspiel.
5. Das Fest findet am Samstag statt. _________ (das Fest) beginnt um 15 Uhr.
6. Max und Jonas stehen am Dienstag früh auf. _________ (Max und Jonas) decken den Frühstückstisch für Mama und Papa.
7. Sophie liest ein Buch. Sie findet _________ (das Buch) sehr spannend.
8. Toni schreibt eine Geschichte. Er liest _________ (die Geschichte) im Kreis vor.
9. Ich habe eine Katze. Jeden Morgen kommt _________ (die Katze) an mein Bett.
10. Milla und Azra schaukeln auf dem Spielplatz. Zusammen haben _________ (Milla und Azra) viel Spaß.

Name: ______________________ Datum: ______________

Übung 1 (Pronomen)

1. Schreibe die richtigen Pronomen in die Lücken. Achte auf die Großschreibung am Satzanfang. Streiche die Pronomen durch, die du eingesetzt hast.

es – sein – sie – ihn – ihre – seine – er – seine – er – sie – du – wir – uns –
wir – seine – ihr – seinem – sie – ich – seine – euch

_______ ist 7 Uhr. Justus schläft in _______ Bett. Die Mutter weckt _______ .

Verschlafen öffnet Justus _______ Augen. _______ gähnt laut und steht auf.

Im Badezimmer putzt Justus _______ Zähne und wäscht _______ Gesicht

mit viel Wasser. Dann will _______ _______ blaue Lieblingshose anziehen.

Justus findet _______ ganz unten im Schrank. Die Mutter ruft:

„Kommst _______ zum Frühstück? _______ müssen _______ beeilen."

Schnell läuft Justus in die Küche und trifft dort _______ Schwester Amelie.

_______ essen _______ Müsli und trinken _______ Milch.

Nach dem Frühstück sagt der Vater: „Ich wünsche _______ einen schönen

Schultag." Gemeinsam laufen _______ zur Schule. Amelie sagt zu Justus:

„Heute können _______ zusammen nach Hause gehen. _______ habe auch

fünf Stunden."

2. Schreibe zu jedem Pronomen einen Satz.
   Unterstreiche das Pronomen. Benutze ein Lineal.

er: Er spielt im Theaterstück die Hauptrolle.

mein: ______________________

unser: ______________________

ihr: ______________________

euer: ______________________

sein: ______________________

dir: ______________________

mich: ______________________

Name: ______________________ Datum: ______________

Übung 2 (Pronomen)

1. Ersetze die fett gedruckten Nomen durch ein Pronomen.
2. Schreibe die Sätze auf die Linien.
   Unterstreiche die Pronomen gelb. Benutze ein Lineal.

Paul hat kurze, blonde Haare. Am liebsten spielt ~~**Paul**~~ er Fußball. **Paul** ist Luisas Bruder. Luisa hat ebenfalls blonde Haare. **Luisa** trägt die Haare oft zu einem Pferdeschwanz. Manchmal bindet **Luisa** sich zwei Zöpfe. Gerne malt **Luisa** in ihrem Zimmer mit Wasserfarben. Paul und Luisa gehen häufig schwimmen. Jeden Sonntag fahren **Paul und Luisa** mit ihren Eltern ins Schwimmbad. In den Ferien besuchen **Paul und Luisa** ihre Cousine Pia auf dem Bauernhof. Pia ist genauso alt wie Paul. **Pia** geht in die 4. Klasse. Auf dem Bauernhof hat **Pia** ein eigenes Pferd. **Das Pferd** heißt Amadeus.

Name: ______________________ Datum: ______________

Übung 2 (Pronomen)

1. Lies den Text.
2. Ersetze zehn Namen / Nomen durch Pronomen.
   Schreibe den Text auf die Linien.
   Unterstreiche die Pronomen gelb. Benutze ein Lineal.

Die Klassendienste

In der Klasse 3b haben viele Kinder einen Klassendienst. Heute haben viele Kinder vor der großen Pause gebastelt. Deshalb müssen Marvin und Simon fegen. Marvin und Simon holen den Besen und das Kehrblech. Dann sind Marvin und Simon durstig. „Bringst du meinen Kakao mit, Sabrina?“, fragt Simon. Sabrina läuft sofort los. Dabei ruft Sabrina: „Hanna, komm, wir gehen zusammen!“ Hanna und Sabrina verteilen den Kakao in der Klasse. Hanna und Sabrina holen die Strohhalme. Ben nimmt sich ganz viele Strohhalme und bastelt einen Würfel daraus. Ben bekommt Ärger. Die Lehrerin meint: „Ich glaube, ihr sollt frühstücken.“ Die Lehrerin nimmt Ben die Strohhalme ab.

Name: ______________________ Datum: ______________

Übung 3 (Anredepronomen – duzen)

1. Setze die fehlenden Pronomen ein.
   In einem Brief kannst du sie entweder alle großschreiben oder alle kleinschreiben.
   Suche dir eine Möglichkeit aus. Beides ist richtig.
2. Schreibe den Text in dein Heft.
3. Unterstreiche die Pronomen gelb. Benutze ein Lineal.

dein / Dein, deinem / Deinem, dir / Dir, du / Du, dir / Dir, dich / Dich, du / Du

Liebe Oma,

ich schicke ______ viele Grüße aus Spanien. Das Wetter ist toll und wir gehen jeden Tag schwimmen. Von __________ Urlaubsgeld waren wir Eis essen. Wie geht es ______ ? Gehst ______ jeden Tag mit Flocki spazieren? Wir vermissen ______ schon. Holst ______ uns vom Flughafen ab?

Viele Grüße ______ Noah

du / Du, deine / Deine, dir / Dir, deine / Deine, deinen / Deinen, du / Du, dich / Dich, dir / Dir

Lieber Onkel Michael,

wie geht es ______ ? Ich habe ________ Postkarte aus dem Urlaub bekommen und mich sehr gefreut. Hast ______ den Segelschein noch gemacht? Wenn ja, können wir bald zusammen segeln gehen.

Mit ______ wird das bestimmt sehr lustig. Wir können auch __________ Hund Rudi mitnehmen. Melde ______ , wenn ______ Zeit hast!

Herzliche Grüße ________ Sarah

Name: ______________________ Datum: ______________

Übung 3 (Anredepronomen – duzen)

1. Setze die fehlenden Pronomen ein.
   Du kannst sie entweder alle großschreiben oder alle kleinschreiben.
   Suche dir eine Möglichkeit aus. Beides ist richtig.
2. Schreibe den Text in dein Heft.
3. Unterstreiche die Pronomen gelb. Benutze ein Lineal.

Hallo Lotta,

wie geht es ______ ? Jetzt bist ______ schon seit einer Woche nicht mehr in der Schule. Wir vermissen ______ . Hoffentlich geht es ______ bald wieder besser und ______ kannst wiederkommen. Heute haben wir in der Schule Laternen gebastelt. Frau Meier hat ______ Laterne gebastelt. Sie wird ______ bestimmt gefallen. Wir wünschen ______ gute Besserung!

Herzliche Grüße

______ Klasse 3c

Lieber Bruno,

ich schicke ______ viele Grüße aus München. Wir sind gestern eingezogen und heute war mein erster Schultag. ______ kannst ______ gar nicht vorstellen, wie aufgeregt ich war. Alle Kinder waren zum Glück sehr nett. Meine Lehrerin heißt Frau Huber. Wie geht es ______ und ______ Bruder? Hier liegt schon Schnee. Wenn ______ mich besuchen kommst, können wir Schlitten fahren. Bringst ______ auch ______ Schlittschuhe mit? Bei uns gibt es nämlich einen großen See.

Ich freue mich auf ______ Antwort!

Liebe Grüße

______ Kerem

Name: ______________________ Datum: ______________

Übung 4 (Anredepronomen – siezen)

1. Setze die fehlenden Pronomen ein.
   Achtung: Schreibe alle Pronomen groß!
2. Schreibe den Text in dein Heft.
3. Unterstreiche die Pronomen gelb. Benutze ein Lineal.

Sie, Sie, Ihnen, Sie, Sie, Ihre, Ihr

Liebe Frau Wagner,

ich sende ________ viele Grüße aus Italien. Mir geht es gut. Hier scheint die Sonne und ich gehe jeden Tag im Meer schwimmen. Können ________ die Ferien auch genießen? Waren ________ auch im Urlaub? Haben ________ schon ________ vielen Bücher gelesen? Ich freue mich schon, ________ bald wiederzusehen.

Herzliche Grüße

________ Marcel

Ihre, Sie, Ihnen, Sie, Ihnen, Ihrer, Sie

Lieber Herr Müller,

wir wünschen ________ und ________ Familie ein fröhliches Weihnachtsfest. Feiern ________ schön und genießen ________ die besinnliche Zeit. Für das neue Jahr senden wir ________ die besten Wünsche und hoffen, dass ________ uns bald besuchen kommen.

Mit freundlichen Grüßen

________ Familie Klein

BVK • Sonja Schneider/Katja Zigan: Grammatikprofi Band 1

Name: ______________________ Datum: ______________

Übung 4 (Anredepronomen – siezen)

1. Setze die fehlenden Pronomen ein.
   Achtung: Schreibe alle Pronomen groß!
2. Schreibe den Text in dein Heft.
3. Unterstreiche die Pronomen gelb. Benutze ein Lineal.

Liebe Frau Westermann,

wie geht es ____________ ? Haben ________ sich in Köln schon gut eingelebt? Es ist sehr schade, dass ________ umziehen mussten, aber unsere neue Lehrerin ist auch sehr nett. Trotzdem vermissen wir ________ und ____________ lustigen Geschichten. Gibt es an ____________ neuen Schule auch einen Schulgarten?

Wir freuen uns schon auf Post von ____________ !

Herzliche Grüße

____________ Klasse 4b

Sehr geehrter Herr Oberbürgermeister Fröhlich,

wir schreiben ____________ im Namen der Grundschule Sonnenschein. In der Zeitung haben ________ geschrieben, dass ________ Schulen suchen, die etwas Besonderes gemacht haben. In den letzten Wochen haben wir gemeinsam daran gearbeitet, unseren Schulhof schöner zu machen. Jetzt sind wir fertig und möchten ____________ gerne den Schulhof zeigen. Können ________ bald kommen? Wir würden uns sehr freuen! Alle Kinder sind gespannt darauf, wie ____________ unsere Schule gefällt. Wir freuen uns auf ____________ Antwort!

Mit freundlichen Grüßen

________ Klassensprecher und Klassensprecherinnen
der Grundschule Sonnenschein

Satzglieder

Satzglieder sind Teile eines Satzes, die aus einem oder mehreren Wörtern bestehen.

Satzglieder kann man umstellen.

Die Kinder *spielen* Fußball.

Fußball *spielen* **die Kinder.**

Spielen **die Kinder** Fußball?

Subjekt

Das Subjekt (Satzgegenstand) ist ein Satzglied.
Es wird mit der Frage **„Wer oder was?“** bestimmt.

Beispiel:

Satz: Tom liegt im Bett.
Frage: Wer oder was liegt im Bett?
Antwort: **Tom** *(Tom ist das Subjekt.)*

Prädikat

Das Prädikat (Satzkern) ist ein Satzglied.
Es wird mit der Frage **„Was tut jemand? Was passiert?“** bestimmt. *(Das Prädikat ist das Verb.)*

Beispiel:

Satz: Tom liegt im Bett.
Frage: Was macht Tom?
Antwort: Tom **liegt** im Bett. *(„liegt“ = Prädikat)*

Name: ______________________ Datum: ______________

Übung 1 (Satzglieder)

1. Bilde mit den Satzgliedern fünf Sätze. Schreibe die Sätze auf die Linien. Achte auf den Satzanfang. Setze ein Satzschlusszeichen (.!?).

am Montag	schreiben	die Kinder	ins Tagebuch
einen Ausflug	am Dienstag	die Klasse 3a	macht
der Lehrer	ist	am Mittwoch	krank
haben	am Donnerstag	alle Kinder	keine Hausaufgaben
am Freitag	der Zahnarzt	kommt	in die Schule

2. Suche dir einen Satz aus. Stelle ihn zweimal um. Schreibe auf die Linien.

BVK • Sonja Schneider / Katja Zigan: Grammatikprofi Band 1

Name: ______________________________ Datum: ______________

Übung 1 (Satzglieder)

1. Stelle die Satzglieder möglichst oft um.
   Schreibe die Sätze auf.
   Achte darauf: Die Satzanfänge werden großgeschrieben!

lange	arbeitet	im Garten	Opa

____

____

____

____

2. Bestimme die Satzglieder (Subjekt = blau und Prädikat = gelb) und kreise sie ein.

   1. Der Hund trinkt aus dem Napf.

   2. Kühe grasen auf der Weide.
   3. Im Herbst fallen die Blätter von den Bäumen.
   4. Die Kinder haben heute Fahrradtraining.
   5. Jonas isst im Klassenzimmer sein Pausenbrot.
   6. In der Pause spielen die Kinder mit dem Ball.
   7. Anduena und Lina klettern auf einen Baum.

   8. Eine Gruppe Mädchen springt mit dem Seilchen.
   9. Der Wind weht heftig.
   10. Im Sommer gehen Jan und Tyler ins Schwimmbad.

3. Wähle drei Sätze aus und stelle sie so oft wie möglich um.
   Scheibe in dein Heft.

BVK • Sonja Schneider/Katja Zigan: Grammatikprofi Band 1

Name: ______________________ Datum: ______________

Übung 2 (Subjekt und Prädikat) (1)

1. Bestimme das Subjekt.
2. Schreibe die passende Frage und die Antwort auf.

Beispiel:
Die Vögel fliegen auf das Dach.
Frage: *Wer oder was* fliegt auf das Dach?
Antwort: *Die Vögel* fliegen auf das Dach.

1. Der Hund rennt auf die Straße.

Frage: ______________________

Antwort: ______________________

2. Die Katze jagt die Mäuse.

Frage: ______________________

Antwort: ______________________

3. Familie Müller fährt in den Urlaub.

Frage: ______________________

Antwort: ______________________

4. Das Regal steht an der Wand.

Frage: ______________________

Antwort: ______________________

5. Die Blume wächst im Garten.

Frage: ______________________

Antwort: ______________________

6. Der Zug fährt nach Berlin.

Frage: ______________________

Antwort: ______________________

3. Unterstreiche das Subjekt blau. Benutze ein Lineal.

BVK • Sonja Schneider / Katja Zigan: Grammatikprofi Band 1

Name: ______________________________ Datum: ______________

Übung 2 (Subjekt und Prädikat) (2)

1. Bestimme in jedem Satz das Prädikat!
2. Schreibe die passende Frage und die Antwort auf.

Beispiel:
Die Vögel zwitschern am Morgen im Garten.
Frage: *Was machen* die Vögel am Morgen im Garten?
Antwort: Die Vögel *zwitschern.*

1. Tim schwimmt im Schwimmbecken.

Frage: ______________________________

Antwort: ______________________________

2. Eine Spinne baut ihr Netz zwischen den Ästen.

Frage: ______________________________

Antwort: ______________________________

3. An der Wand hängt ein Bild.

Frage: ______________________________

Antwort: ______________________________

4. Die Kinder schaukeln auf dem Spielplatz.

Frage: ______________________________

Antwort: ______________________________

5. In der Ecke steht ein Bücherregal.

Frage: ______________________________

Antwort: ______________________________

6. Lars flüstert seinem Tischnachbarn ins Ohr.

Frage: ______________________________

Antwort: ______________________________

3. Unterstreiche das Prädikat gelb. Benutze ein Lineal.

BVK • Sonja Schneider / Katja Zigan: Grammatikprofi Band 1

Name: ______________________________ Datum: ______________

Übung 2 (Subjekt und Prädikat)

1. Lies den Text.
2. Unterstreiche das Subjekt blau und das Prädikat gelb. Benutze ein Lineal.

Der Ausflug

Die Klasse 4c macht einen Ausflug in den Zoo. Alle Kinder treffen sich um 8 Uhr im Klassenraum. Dann gehen sie zur Bushaltestelle. Frau Schiller kauft die Fahrkarten. Im Bus reden alle Kinder laut durcheinander.
Frau Schiller sagt: „Seid bitte ein bisschen leiser!“ Die Kinder gehen in Kleingruppen durch den Zoo. Sie beantworten viele Fragen von einem Fragezettel. Die Löwen schlafen in der Sonne. Die Elefanten spritzen Wasser mit ihrem Rüssel. Die Seehunde schwimmen im Wasser. Die Affen finden alle Kinder besonders lustig. Zum Schluss geht die Klasse 4c auf den Spielplatz. Um 14 Uhr fahren sie zurück zur Schule. Es war für alle ein toller Tag.

3. Ergänze ein passendes Subjekt. Unterstreiche das Subjekt blau. Benutze ein Lineal.

__________________ wohnt in der Rosenstraße.

__________________ sucht seinen Knochen.

__________________ spielen mit dem Ball.

__________________ brüllt laut.

__________________ liest die Zeitung.

4. Ergänze ein passendes Prädikat. Unterstreiche das Prädikat gelb. Benutze ein Lineal.

Die Blumen __________________ im Garten.

Der Goldfisch __________________ im Aquarium.

Das Mädchen __________________ ein Buch.

Die Kinder __________________ im See.

Die Lehrerin __________________ eine Aufgabe.

BVK • Sonja Schneider / Katja Zigan: Grammatikprofi Band 1

Name: ______________________ Datum: ______________

Übung 3 (Satzteile umstellen, Subjekt und Prädikat)

1. Schreibe jeden Satz zweimal um.
2. Unterstreiche in jedem Satz das Subjekt blau und das Prädikat gelb. Benutze ein Lineal.

1. Die Rosen wachsen im Sommer am Gartentor.

____

____

2. Die Klasse 4b fährt nächsten Monat ins Schullandheim.

____

____

____

3. Die Kinder schreiben einen Bericht über ihren Ausflug in den Zoo.

____

____

____

4. Die Feier beginnt um 11 Uhr auf dem Schulhof.

____

____

5. Der Bleistift liegt vorn auf dem Schreibtisch.

____

____

6. Der Vogel zwitschert am Morgen vor dem Fenster.

____

____

____

Name: ________________________ Datum: ____________

Übung 3 (Satzteile umstellen, Subjekt und Prädikat)

1. Bilde Sätze. Verwende für jeden Satz vier Satzteile.
2. Schreibe jeden Satz zweimal um. Schreibe in dein Heft.
3. Unterstreiche in jedem Satz das Subjekt blau und das Prädikat gelb. Benutze ein Lineal.

Böse Hexen	lösen	neue Aufgaben	von den Bäumen
Kinder	sich stechen	in einem Kessel	im Garten
Dornröschen	kochen	im Sommer	einen großen Schneemann
Blätter	scheinen	an einer Spindel	einen Zaubertrank
Blumen	bauen	im Winter	vom blauen Himmel
Die Sonne	blühen	im Herbst	im Garten des Schlosses
Mädchen	fallen	im Frühling	im Mathematikunterricht

Material für die Freiarbeit: Adjektive-Memo-Spiel (1)

billig	teuer	groß	klein
dick	dünn	arm	reich
schnell	langsam	hell	dunkel
nass	trocken	kurz	lang
wach	müde	warm	kalt
viel	wenig	leicht	schwer
gesund	krank	hoch	tief

Material für die Freiarbeit: Adjektive-Memo-Spiel (2)

süß	sauer	hart	weich
schön	hässlich	gut	schlecht
leer	voll	leise	laut

Material für die Freiarbeit: Satzglieder

Der Hund	wedelt	vor Freude	mit seinem Schwanz
Die Kinder	spielen	am liebsten	draußen im Garten
Am Sonntag	besucht	Tim	seine Großeltern
Am Mittwoch	haben	die Kinder	Sportunterricht
Lisa	isst	gern	Obstsalat
Jeden Morgen	liest	Papa	die Zeitung
Die Mutter	backt	einen Kuchen	für Oma

Material für die Freiarbeit: Verben-Memo-Spiel

gehen	ich gehe	schlafen	du schläfst
lesen	er liest	malen	wir malen
fahren	es fährt	lernen	sie lernen
schreiben	ich schreibe	spielen	er spielt
sehen	ihr seht	vergessen	sie vergessen
laden	du lädst	geben	er gibt
werfen	sie wirft	wissen	ich weiß